6章

6章
(New Kanji: 私、行きます、お父さん)

お父さん は どこ です か？

明日、私 は コンサート に 行きます。昨日、お父さん に「コンサート に 行きたい です！コンサート は 高い です。でも、行きたい です。」と 言いました。

「フィン、おはよう。」

「おはよう。コンサート に 行きたい です！」

お父さん は 私 の 好きな 音楽 が 好き じゃありません。でも、「フィン は 学生 です。だから、私 も 行きます。」と 言いました。

お父さん は どこ です か?

私 は お父さん に 「ありがとう！嬉しいです！ありがとう！」と 言いました。でも、嬉しくなかった です。友達 と コンサート に 行きたかった です。眠い お父さん と 行きたくなかった です。でも、コンサート に 行きたい です。だから、眠い お父さん と 行きます。

今日、眠い お父さん と コンサート に 行きます。でも、眠い お父さん は 家 に いません！ お父さん は どこ です か？ お父さん に メッセージ を しました。
「お父さん、どこ です か？コンサート に 行きたい です！」
お父さん は 私 に 「友達 の 家 に います。でも、フィン と コンサート に

6章

行きますよ。」と書きました。

でも、お父さんは家にいませんでした。

だから、私は友達とコンサートに行きました。お父さんは私にメッセージをしました。でも、そのメッセージを見ませんでした。明日見ます。コンサートは楽しかったです！

お父さんのメッセージ：

「フィン、どこにいますか？友達がVIPのチケットをくれましたよ。フィンにもあげたいですよ。バンドと他のVIPとパーティーをしますよ！フィンはどこですか？メッセージをして下さい！」

何 が できます か？

元気な 女の子 が 高い レストラン に いました。その 元気な 女の子 は お父さん に 「私 は ダンス が したい です。」と 言いました。でも、お父さん は 「高い レストラン で ダンス は できません よ。」と 言いました。

「大きい ピザ を 食べたい です。」
「それ は できません。」
「高い レストラン で 食べません か？」
「インド の レストラン で ピザ を 食べません。」

Additional Resources

All resources available through easyjapanesestories.com and on my "Russell Sensei" YouTube channel

Russell せんせい の たんぺんしゅう 1

A collection of short stories intended for complete beginners. Gradually introduced and frequently reused vocabulary and grammar allow for natural long term acquisition of Japanese

- Approx. 53 unique words*
- Each unique word used on average approx. 60 times**
- Multiple digital and paperback editions - Katakana/Kanji, Hiragana only, Gradually introduced hiragana(digital only).
- Digital teacher pack also available.

Lisa と にほん の がっこう

Lisa moves from Canada to Japan. On her first day of school, she learns more about Japan and hopes to make a friend. Will she end up with a friend? Or run away back to Canada.

- Approx. 75 unique words*
- Hiragana only – English used in place of Katakana
- Katakana/Kanji Edition also available
- Perfect for Beginners!

カイとプラネット０４０４

Kai thought he was just a normal kid, with a normal pet dog, and a normal father. Follow Kai as he leaves earth behind and discovers the truth about his family. Kai and his pet "dog" travel to Planet 0404 and take the first steps on their quest to stop Lucifer

- Approx. 112 unique words*
- Both Kanji and Katakana are used extensively, but furigana is provided.
- Intended for intermediate learners. (Approx. level 3)

Check my website and YouTube channel and sign up for my mailing list to be notified as new resources become available

*Unique word count does not include particles, English, Katakana, or multiple conjugations of the same word.
**This count is based on a combination of the book as well as the stories from the teacher packs(sold separately)

Copyright © 2019 by Matthew Russell

All rights reserved. No part of this publication may be reproduced, distributed, or transmitted in any form or by any means, including photocopying, recording, or other electronic or mechanical methods, without the prior written permission of the author, except in the case of brief quotations embodied in critical reviews and certain other noncommercial uses permitted by copyright law. For permission requests, write to the author at easyjapanesestories@gmail.com

Quantity sales. Special discounts are available on quantity purchases by schools, bookstores, associations, and others. For details, contact the author at the email address above or visit: www.easyjapanesestories.com

Table of Contents

6章（しょう）
お父（とう）さんはどこですか？..1
何（なに）ができますか？.......4
大（おお）きいソンブレロ.......8
したくないです........11

7章（しょう）
上手（じょうず）じゃありません.....16
ハーバードを買（か）います...19
勉強（べんきょう）したくないです....22
背（せ）が高（たか）いマリーナ.......24

8章（しょう）
妹（いもうと）の所（ところ）に行（い）きたい....29
ピンクの車（くるま）...........32
眠（ねむ）いオリビア..........37
優（やさ）しくないフレッド....42

9章（しょう）
怖（こわ）いお父（とう）さん.........48
パズルの家族..........52
弟（おとうと）と妹（いもうと）のアート.....58
クレジットカード......63

10章（しょう）
englishgenius.........69
ルークの宿題（しゅくだい）........74
食（た）べに行（い）きましょう....79
マジック　ヘッドホン...83

Glossaries
ひらがな・漢字（かんじ）........90
カタカナ..............95

6章

「でも、大きいピザを食べたいです！！！ダンスがしたいです！！！」

「できません！他に何を食べますか？」

「サッカーをしたいです。」

「サッカーはできません！ピザも食べません！ダンスもできません！」

「私は何ができますか？」

「アートができます。」

そして、お父さんはレストランの人に「青いクレヨンとプレースマットを下さい。」と言いました。でも、レストランの人は「クレヨンもプレースマットもありません。」と言いました。

お父さんは「え！？クレヨンがありません？マーカーを下さい！」と言いました。そして、

何ができますか?

レストラン の 人 は お父さん に 茶色い マーカー を あげました。お父さん は レストラン の 人 に 「ありがとう。」と 言いました。そして、お父さん は その マーカー を 元気な 女の子 に あげました。それから、その お父さん と 元気な 女の子 は 美味しい カレー を 食べました。でも、お父さん は 嬉しくなかった です。元気な 女の子 は 茶色い マーカー で 大きい ハート を 書きました。お父さん の マックブック に 書きました!そして、元気な 女の子 は お父さん に 「パーマネント とは 何 です か?」と 聞きました。

「パーマネント?」

6章

「これ は 茶色い パーマネント マーカー です。」

「え！？パーマネント マーカー！！？？」

大きい ソンブレロ

変な 学生 が います。その 変な 学生 は 大きい ソンブレロ が 欲しい です。昨日、その 変な 学生 は お母さん と メキシコ に いました。楽しかった です。でも、今日 は 日本 の さっぽろ に います。

その 変な 学生 は 学校 に 行きました。それから、学校 で 友達 に 「私 は お母さん と メキシコ に 行きました。メキシコ で 大きい ソンブレロ を 見ました。欲しい です!」と 言いました。でも、その 友達 は 「ソンブレロ?日本 で?それ は 変 です

よ。」と 言いました。変な 学生 は 嬉しくなかった です。そして、変な 学生 は 友達 に「週末、メキシコ に 行きたい です！」と 言いました。

「メキシコ に 行きます か？」

「私 は 学生 です よ。行きません よ。でも、行きたい です！」

「でも、行きません ね。明日 ソンブレロ を あげます。」

「え？あります か？！くれます か？！ありがとう！！！」

そして、その 友達 は 家 で アマゾン を 見ました。アマゾン に 青い ソンブレロ が ありまし た！アマゾン の 青い ソンブレロ を 変な 学生 に あげました。変な 学生 は その 青い

大きい ソンブレロ

ソンブレロ を 見ました。でも、 嬉しくなかった です。

変な 学生 は 友達 に「これ は 大きくない 青い ソンブレロ です。私 は 大きい 茶色い ソンブレロ が 欲しかった です よ！」と 言いました。

そして、変な 学生 は 友達 に 「メキシコ に 行きたい です！明日、行きます！！」と 言いました。

6章
したくない です

私 の 大きい 家 に 楽しい お母さん と 楽しくない お父さん が います。私 は お母さん も お父さん も 好き です。でも、お父さん は 楽しくない 人 です。昨日、お父さん は 「ミア、明日 楽しい パーティー に 行きたい です か?」と 聞きました。
「どこ で パーティー を します か?」
「ウィル の 家 で パーティー を します。」
「行きたくない です。」
ウィル は 楽しくない お父さん の 楽しくない 友達 です。明日 は 週末 です。だから、明日 友達 の パーティー に 行きたい です。ウィル の 楽しくない パーティー に 行きたくない です。

したくない です

それから、楽しいお母さんが私に「ミア、週末大きいパーティーに行きたいですか?」と聞きました。

「どこで パーティーを しますか?」

「テイラーの 友達の 家で パーティーを します。」

「行きたくない です。」

お母さんは 楽しい です。でも、友達の テイラーは 変な 人 です。テイラーは パーティーで みんなと 変な ダンスを したい です。私は 変な ダンスを したくない です。私は 変に なりたくない です。

6章

週末、楽しくない お父さん は 「ミア、今日 は 楽しい パーティー に 行きます よ。ミア は 行きたくない です ね?」と 聞きました。 そして、楽しい お母さん も 「ミア、今日 は 大きい パーティー に 行きます よ。ミア は 行きたくない です ね?」と 聞きました。 お父さん と お母さん に 「行きたくない です よ。他 の パーティー に 行きます。友達 の 楽しい パーティー に 行きます。私 は お父さん と お母さん と パーティー を したくない です よ。」と 言いました。

でも、私 の 友達 は パーティー を キャンセルしました。だから、私 は パーティー に 行きませんでした。家 で ユーチューブ を

見ました。ユーチューブ で テレビゲーム の ビデオ を 見ました。私 は テレビゲーム を したくない です。でも、できません。私 は 学生 です。テレビゲーム の コンソール は 高い です。だから、ユーチューブ で 見ます。

ユーチューブ の ライブ も 見ました。テイラー・スウィフト と ウィル・スミス の パーティー の ライブ でした。

ウィル は 「これ は ラジオ の コンテスト の パーティー です。ラジオ の コンテスト の

6章

ウィナー は ジョン と メーガン と ミア です。」と 言いました。

ええ！！？？それ は 私 の お父さん と お母さん です！！

そして、テイラー・スウィフト は 私 の お母さん に「メーガン、ミア は どこ です か？」と 聞きました。

お母さん は「ミア は ウィル と テイラー の パーティー に『行きたくない！』と 言いました。」と 言いました。

お母さん！！！その ウィル と その テイラー の 楽しい パーティー に 行きたい です よ！！

7章
(New Kanji: 言います、先生、楽しい)

上手 じゃありません

元気な 女の子 が いました。日本 の おきなわ に いました。その 元気な 女の子 は 楽しい スポーツ が 好き でした が、上手 じゃあ りません でした。その 元気な 女の子 は 友達 に 「明日 は 週末 です。明日 楽しい スポーツ を したい です。私 と サッカー を します か?」と 聞きました が、その 友達 は

「サッカー は 好き です が、サリー は サッカー が 上手 じゃありません。他 の 友達 と して下さい。」と 言いました。だから、サリー は 他 の 友達 の 家 に 行きました。

サリー は その 友達 に 「明日 は 週末 です。明日 楽しい スポーツ を したい です。私 と ゴルフ を します か?」と 聞きました。その 友達 は 「ゴルフ は 好き です が、サリー は ゴルフ が 上手 じゃありません。他 の 友達 と して下さい。」と 言いました。サリー は 嬉しくなかった です。友達 と スポーツ を したかった です。でも、他 に 友達 が いませんでした。だから、サリー は

「私は友達を買います。その友達と楽しいスポーツをします。」と言いました。

サリーはニンテンドーのウィーを買いました。サリーはニンテンドーでウィースポーツをしました。上手じゃありませんでしたが、大丈夫でした。ニンテンドーは「サリーは上手じゃありません。」と言いませんでした。だから、サリーは嬉しかったです。サリーは「ニンテンドーが好きです。他の友達は欲しくないです。」と言いました。

7章
ハーバード を 買います

僕 は 英語 が 上手 じゃありません。昨日、僕 の 変な 英語 の 先生 は 「ロブ、5ページ の レポート を 書いて下さい。」 と 言いました が、私 は それ が できません。だから、家 で 眠い お母さん と ちょっと 話しました。

「お母さん、ハーバード に 行きたい です。でも、英語 が 上手 じゃありません。僕 の 英語 は 変 です。」

「ロブ、大丈夫 です。」

「大丈夫 です か?」

「そう です よ。大丈夫 です。ロブ は ハーバード に 行きます。」

ハーバード を 買います

今日、眠い お母さん は 僕 の 大きい 学校 を 買いました。

僕 は 英語 の レポート が できませんでした が、英語 の 先生 は 僕 に A+ を くれました。僕 は 勉強 を しませんでした が、先生 の みんな は 僕 に A+ を くれました。先生 の みんな は 嬉しくなかった です が、僕 は 嬉しかった です。僕 は ハーバード に 行きます!

ハーバード は 僕 に メール しました。

7章

「ロブ の 英語 の 先生 が ハーバード に メール しました。ロブ は 英語 が 上手 じゃ ありません。だから、ハーバード の 学生 に なりません。」

僕 の お母さん も その メール を 見ました。僕 に 「大丈夫 です。ハーバード を 買います。」と 言いました。

でも、ハーバード は 高かった です。だから、お母さん は ハーバード を 買いませんでした。ハーバード の 茶色い セーター を 買いました。

勉強したくない です

昨日、僕は勉強をしました。今日も勉強をしました。明日は週末です。週末に勉強をしたくないです。僕は学校が好きですが、家で勉強をしたくないです。好きじゃありません。だから、ちょっとお父さんと話しました。

「お父さん、明日はテレビゲームをしたいです。」

「そう です か?」

「そう です よ。昨日も今日も勉強をしました。明日は週末ですよ。」

「テレビゲーム?この レポートカードを見ましたか?」

「見ましたよ。僕は英語が上手ですよね。」

7章

「そう です ね。英語 は A+ です が、この A- も 見ました か？」

お父さん は 「明日 日本語 を 勉強して下さい。」と 言いました が、僕 は ちょっと テレビゲーム も しました。楽しかった です が、楽しくない 弟 が 僕 を 見ました。楽しくない 弟 は お父さん に 言いました。だから、お父さん は 弟 に 僕 の テレビゲーム を あげました。

お父さん に 「お父さん、僕 が その テレビゲーム を 買いました よ！」と 言いました が、お父さん は 僕 に くれませんでした。お父さん は 僕 に チケット を くれました。お父さん は 「日本 に 行って下さい。日本 で 日本語 を 勉強して下さい。」と 言いました。

背が高い マリーナ

背が高い 女の子 が います。その 背が高い 女の子 は マリーナ です。背が高い マリーナ は バスケットボール が 好き です。バスケットボール が 上手 です が、バスケットボール の プロ に なりません。バスケットボール の プロ に なりたくない です。背が高い マリーナ は 勉強したい です。 先生 に なりたい です。

今日、背が高い マリーナ は 弟 と 話しました。
「ビリー、バスケットボール は 楽しい です が、プロ に なりたくない です。」

7章

「え?プロ に なりたくない です か!?僕 も 僕 の 友達 も プロ に なりたい です よ。みんな プロ に なりたい です よ。」
背が高い マリーナ は 「え!?ビリー?バスケットボール の プロ?でも、ビリー は バスケットボール が できません よ、、、」と 言いたかったです。でも、言いませんでした。背が高い マリーナ は 「そう です ね。バスケットボール は 楽しい です ね。」と 言いました。

それから、背が高い マリーナ は 学校 に 行きました。好きな 音楽 の 先生 と 話しました。
「先生、おはようございます。」
「マリーナ、おはよう。」
「先生、私 は 学校 で バスケットボール を します。バスケットボール は 楽しい です。」

背が高い マリーナ

「そう です ね。マリーナ は バスケットボール が 上手 です ね。」

「ありがとうございます。でも、私 は バスケットボール の プロ に なりたくない です。私 は 勉強したい です。先生 に なりたい です。」

でも、先生 は 「学校 は 楽しい です よ。」 と 言いませんでした。先生 は 「バスケットボール は 楽しい です ね。でも、学校 も 楽しい です か?勉強 も 楽しい です か?」と 聞きました。

背が高い マリーナ は 「学校 は 楽しい です よ。勉強 も 楽しい です よ。」と 言いました。音楽 の 先生 は 「ええ?そう です か?」と 言いました。背が高い マリーナ は 音楽 を 勉強したい です。バスケットボール

7章

も したい です。でも、昨日、勉強しました。今日 は バスケットボール を します。それから、背が高い マリーナ は バスケットボール の ゲーム に 行きました。背が高い マリーナ の コーチ は「マリーナ、大丈夫 ですか?今日 は プロ の スカウト が いますよ。」と 言いました。背が高い マリーナ は「大丈夫、、、?大丈夫 じゃありません。プロ に なりたくない です。今日 は バスケットボール を したくない です。」と 言いました。背が高い マリーナ は コーチ に バスケットボール の 茶色い ユニフォーム を あげました。コーチ は「え?どこ に 行きます か?何 を します か?」と 聞きました。背が高い マリーナ は

背が高い マリーナ

「私 は 勉強 を します。私 は 先生 に なります!」 と 言いました。

8章

(New Kanji:好き、見ます・見えます、妹)

妹の所に行きたい

僕は英語も日本語も上手じゃありません。僕の先生は昨日も今日も「家で勉強して下さい。」と言いました。明日も「家で勉強して下さい。」と言います。僕はこの学校が好きじゃありません。妹の所に行きたいです。妹の先生は優しいです。僕の学校の先生は優しくないです。

今日、妹とちょっと話しました。

妹の所に行きたい

「ミア、今日は学校で何をしましたか？」

「ジェリー、今日は楽しかったです。アートと音楽とストーリータイムをしましたよ。それから、美味しいスナックを食べました。」

「そうですか？僕も美味しいスナックを食べたいです。」

そして、僕はお父さんの所に行きました。

「お父さん、僕は妹の学校に行きたいです。」

8章

お父さん は 「オーケー」 と 言いませんでした が、僕 は 妹 の 学校 に 行きました。

妹 の 先生 は 優しかった です。 アート も 音楽 も 楽しかった です。でも、美味しい スナック を 食べませんでした。妹 の 優しい 先生 は 僕 と 話しました。

「私 は ジェリー の 先生 に メール しました。日本語 の 先生 も、英語 の 先生 も メール で ジェリー の レッスン を 書きました。他 の みんな は スナック を 食べます。でも、ジェリー は 他 の 所 で 日本語 と 英語 を 勉強します。」

ピンク の 車

僕は優しい人です。だから、弟にも妹にも車をあげました。僕の元気な妹は「ありがとうございます!」と言いました。弟も車を見ましたが、「ありがとうございます。」と言いませんでした。変な弟は「僕はこの茶色い車が好きじゃありません。」と言いました。僕の元気な妹は「私の白い車をあげますよ。白い車は好きですか?」と聞きましたが、弟は「白は好きじゃありません。僕はピンクが好きです。ピンクの

8章

車が欲しいです。」と言いました。僕は嬉しくなかったですが、それから変な弟とハワイの車のディーラーに行きました。

ピンクの車が見えませんでした。だから、車のセールスマンとちょっと話しました。

「おはようございます。」

「おはようございます。」

「僕の弟はピンクの車が欲しいです。」

「たくさんの車がありますが、ピンクの車はありません。」

「でも、弟はピンクが好きです。」

「ピンクの車はありませんが、この白いレクサスがありますよ。バットモービル

ピンクの車

も あります よ！ちょっと 高い です が、、、」

でも、僕 の 変な 弟 は「その 白い レクサス も バットモービル も 見ました。でも、欲しくない です。ピンク が 好き です！」と 言いました。僕 は ちょっと 弟 と 話しました。

「たくさん の 車 が あります が、ピンク の 車 は ありません よ。青 は 好き です か？」

「青 は 好き じゃありません。僕 は グーグル に 聞きました。カナダ に ピンク の 車 が あります。カナダ に 行きたい です。」

それから、僕 と 変な 弟 は カナダ に 行きました。

8章

弟に「ディーラーはどこですか?」と聞きましたが、弟は「ディーラーに行きたくないです。クレイグスリスト[1]の人はピンクの車があります。その人の家に行きたいです。」と言いました。だから、その人の家に行きました。ピンクの車が見えましたが、、、僕は弟に「この車は欲しくないですね。」と言いました。でも、弟は「欲しいです。ピンクの車が好きです!」と言いました。ちょっと

---

[1] Craigslist is a website that allows you to buy and sell used items locally.

ピンク の 車

変 でした が、弟 は 嬉しかった です。そして、僕 も 嬉しかった です。この ピンク の 車 は 高くなかった です。だから、買いました。

---

[2] Peptol Bismol is a common diarrhea medicine

8章
眠いオリビア

今日、眠いオリビアは学校に行きます。眠いオリビアは英語と音楽のクラスは好きですが、他のクラスが上手じゃありません。好きじゃありません。だから、学校より他の所に行きたいです。友達と楽しい所に行きたいです。日本語のクラスでメモを書きました。そのメモを好きな背が高い友達にあげました。

明日は週末です。勉強したくないです。楽しい所に行きたいです。どこに行きたいですか？

それから、オリビアの週末は変になりました。

眠いオリビア

オリビアの背が高い友達は日本語の先生に「先生、今日、私とオリビアは他の学校でバレーボールのゲームがあります。だから、その学校に行きます。」と言いました。優しい先生は「グッドラック!」と言いました。そして、オリビアとその背が高い友達は、友達の白い車の所に行きました。

友達の白い車でオリビアと友達はちょっと話しました。

「ケリー、私はバレーボールをしません。バレーボールができません。どこに行きますか?」

「オリビア、大丈夫です。バレーボールのゲームはありませんよ。楽しい所に行きますよ。」

8章

それから、オリビアとその友達はたくさんの変な所に行きました。たくさんの変なイベントが見えました。コアラのレースも大きいスパゲッティのケーキのコンテストも見えました。（スパゲッティのケーキは美味しくなかったです。）でも、オリビアは変な所より楽しい所に行きたかったです。だから、友達に「パーティー電車に行きたいです。」と言いました。

「パーティー電車？それは楽しいですか？」

眠い オリビア

「そう です よ！ユーチューブ で 見ました。」

「どこ です か？どうやって 行きます か？」

「パーティー 電車 は ディスコ パーティー ステーション に あります。車 で 行きます。」

そして、オリビア と その 友達 は ディスコ パーティー ステーション に 行きました。

パーティー 電車 は 楽しかった です が、パーティー 電車 の方が コアラ の レース と 大きい スパゲッティ の ケーキ より 変 でした。他 に 人 が いませんでした。週末 の パーティー は カンガルー の ディスコ パーティー です！オリビア と 背が高

8章

い友達は パーティー電車で たくさんの カンガルーと ダンスを しました。

「オリビア！オリビア！大丈夫？」

「え？何？どうやって？私 どこに いますか？」

「日本語の クラスに いますよ。」

オリビアの 優しい 日本語の 先生でした。オリビアは 楽しい 所に 行きたかったです。でも、行きませんでした。日本語の クラスに いました。

優しくない フレッド

フレッド は 優しい 人 じゃありません。昨日、優しくない フレッド は ゲームセンター に 行きたかった です。だから、お母さん と 話しました。

「ママ、僕 は ゲームセンター に 行きたい です。コイン を くれます か?」

「明日、コイン を あげます。今日、妹 と ショッピングセンター に 行って下さい。」

「妹 と??でも、妹 は 面白くない ですよ!」

「フレッド は 面白くない 妹 と ショッピングセンター に 行って下さい。」

「行きたくない です。」

8章
「フレッド は 妹 と ショッピングセンター に 行きます！」

優しくない フレッド は 嬉しくなかった です が、「行きます。」と 言いました。妹 は 優しく ない フレッド に 「どうやって 行きます か？」と 聞きました。優しくない フレッド は 「どうやって？車 が ありません よ。電車 で 行きます。」と 言いました。妹 は 嬉しかった です。電車 の方が 車 より 好き です。

優しくない フレッド は 妹 に 「あ！ゲームセンター が 見えます！ゲームセンター の方が ショッピングセンター より 楽しい です ね。」と 言いました が、 妹 は ちょっと 眠かった

優しくない フレッド

です。フレッドは面白くない妹を見ました。そして、電車の他のみんなも見ました。妹に「僕はゲームセンターに行きます。電車のみんなは優しいです。だから、大丈夫です。バイバイ。」と言いました。そして、フレッドはゲームセンターに行きました。

電車で優しい人がフレッドの妹に「大丈夫ですか?」と聞きました。妹は「大丈夫です。フレッドがいます。」と言いました。でも、フレッドが見えませんでした。妹

8章

は「フレッド！フレッド！どこに 行きましたか？」と 言いました が、フレッド は いませんでした。でも、大丈夫 でした。フレッド の 妹 は 好きな ショッピングセンター に 行きました。

その ショッピングセンター に たくさん の 人 が いました。妹 は 友達 が 見えました。友達 の 所 に 行きました。友達 に「おはよう！」と 言いました。妹 は 嬉しかった です。この 友達 の方が フレッド より 楽しい です。それから、フレッド の 妹 は その 友達 と 友達 の お母さん と たくさん の 楽しい 所 に 行きました。たくさん の 美味しい スイーツ も 食べました。東京 ディズニーランド に も 行きました！

優しくない フレッド

　フレッド には 昨日 は 楽しかった です。ゲームセンター の方が ショッピングセンター より 楽しかった です。でも、今日 フレッド の お母さん は 「フレッド と ちょっと 話したい です。」と 言いました。
「フレッド、昨日 妹 と ショッピングセンター に 行きませんでした ね。」
「行きませんでした が、妹 は 大丈夫 です よ ね。」
「そう です ね。フレッド の 妹 は 『東京 ディズニーランド は 楽しかった です!』と 言いました。だから、明日 みんな で 行きます。」
　フレッド は 嬉しかった です。みんな で 電車 で 東京 ディズニーランド に 行きました。楽しかった です。フレッド は お母さん に

8章

「ママ、ありがとう！ちょっと 高かった です よね。どうやって チケット を 買いました か？」 と 言いました。フレッド の お母さん は 「高かった です。 でも、大丈夫 です。クリスマス に フレッド に 白い 車 を あげたかった です。でも、白い 車 を 買いません でした。この ディズニーランド の チケット を 買いました。」と 言いました。

怖い お父さん
9章
(New Kanji: 僕、今日、聞きます)

怖い お父さん

僕 に は 優しい お父さん が います。でも、僕 は お父さん が 好き じゃありません。お父さん は ちょっと 怖い です。昨日、怖い お父さん は 僕 に 「今日、テキサス に 行きましょう か？テキサス で ランチ を 食べましょう か？」と 聞きました。僕 は ランチ が 欲しかった です。だから、行きました。怖い お父さん と フライドチキン を 食べました。僕 は お父さん に 「ありがとう。美味しかっ

9章

た です。でも、アイダホ にも フライドチキン は ありませんか?」と 聞きました。そして、怖い お父さん は 「フライドチキン?アイダホ にも フライドチキン が あります。でも、今日 フライド チキン を 食べませんでした よ。今日 は フライドラトルスネーク を 食べました。」と 言いました。

昨日 は 怖かった です。ラトルスネーク を 食べたくなかった です。ラトルスネーク を 見たくなかった です。でも、今日 は 一番 怖かった です。今日、怖い お父さん は 僕 に「マカオ に 行きましょう か?」と 聞きました。僕 は マカオ の 美味しい ポークチョップバン を 食べたかった です。だから、「行きましょう。でも、怖い 所 に 行きたくない です。マカオ の

怖いお父さん

怖くない 所 で 食べましょう。」と 言いました。

お父さん と マカオ の 怖くない 所 で 食べました。それから、怖い お父さん は 「マカオタワー に 行きましょう！」と 言いました。

マカオタワー は 高い です。338メートル です。でも、お父さん は マカオタワー の バンジージャンプ を しました。怖かった です！

僕 は 怖い お父さん に 「怖い アクティビティ が 好き です よ ね。一番 怖い 所 に 行きましょう か？」と 聞きました。お父さん は 「行きましょう！」と 言いました。怖い お父さん と 怖い エスケープルーム に 行きました。僕 は 怖い お父さん に 「ちょっと トイレ に 行きます。」と 言いました。

9章

トイレでお母さんにメッセージをしました。「お父さんはちょっと怖いです。スターバックスに行きましょうか?」と書きました。そして、僕とお母さんはスターバックスに行きました。でも、お父さんに言いませんでした。スターバックスでお父さんにメッセージをしました。「ごめんなさい。」と書きました。

パズル の 家族

大きい 家族 が いました。その 大きい 家族 は 難しい パズル が 好き でした。難しい パズル が 上手 でした。ロシア の パズル チャンピオン に なりたか った です。週末 は ロシア の 家族 パズル チャンピオンシップ が あります。その 家族 の 背が高い お父さん は 「みんな、おはよう。ビリー、ダイアン は ここ に います か?」と 聞きました。ダイアン は ビリー の 妹 でした。ダイアン は この

9章

家族で パズルが 一番 上手な 人 でした。
ビリーは 背が高い お父さんに 「ダイアンは ここに いません。変な 友達の 家に 行きました。」と 言いました。そして、お父さんは 「みんな、ダイアンの 変な 友達の 家に 行きましょう!」と 言いました。
その 大きい 家族は ダイアンの 変な 友達の 家に 行きました。でも、ダイアンも ダイアンの 変な 友達も いませんでした。お母さんは 「ビリー、ダイアンは ここに いません。」と 言いました。
「お母さん、ダイアンは ここに いません。でも、いましたよ。」
そして、ビリーの 弟は ダイアンの 茶色い ブーツを 見ました。ビリーの 弟は 「みんな、これは パズルですよね。この

パズル の 家族

家族 は パズル が 上手 です ね。」と 言いました。お父さん は みんな と 話しました。

「ビリー、ダイアン は 何時 に 行きましたか?」

「7時 に 行きました。」

「家族 の 青い 車 で 行きませんでした。どうやって 行きましたか?バス で 行きましたか?」

「そう です。」

「ジョリーン、バス の スケジュール を 見て下さい。ダイアン は 何時 に ここ に いましたか?」

「8時 に ここ に いました。」

そして、その 大きい 家族 の 優しい お母さん は 「みんな、ここ に セキュリティ カメラ が あります。その ビデオ を 見ましょう!」と

9章

言いました が、カメラ の ハードドライブ が ありませんでした。でも、メモ が ありました。ダイアン は コード で その メモ を書

「すでいなくたしをルズパは私。たしまき行にイワハ、らかだ。」

きました。

大きい 家族 の みんな は パズル を 見ました。お父さん は 「みんな、これ が できますね。この コード は パズル です。」と 言いました。

でも、ダイアン の コード は 難しかった です。

パズル の 家族

ビリー は 「みんな、ダイアン は ハワイ に います。」と 言いました。お父さん は 「ビリー は コード が 上手 です ね。」と 言いました。でも、ビリー は コード が 上手 じゃありません。ビリー は ファインドマイフォン の アプリ を 使いました。それから、ビリー は ダイアン に メッセージ を しました。

「僕 は コード が できません。メモ に 何 と 書きました か?」

「難しい コード じゃありません でした よ。でも、みんな に 『ごめんなさい』と 言って下さい ね。私 は パズル が 上手 です が、好き じゃありません よ。」

9章

「すでいなくたしをパズル（るずぱ）は私。たしまき行にハワイ（いわは）、らかだ。」

「私 は パズル を したくない です。だから、ハワイ に 行きました。」

弟と妹のアート

グレッグは家族が好きです。でも、昨日、グレッグは妹と弟が好きじゃありませんでした。昨日、2時13分に弟はグレッグのプレイステーションを使いました。グレッグは弟に「ここは僕のベッドルームです！それは僕のプレイステーションですよ！」と言いました。弟は「え？これはグレッグのプレイステーションですか？ごめんなさい。」と言いました。グレッグは嬉しくなかった

9章

ですが、大丈夫でした。弟にはグレッグのプレイステーションのゲームは難しいです。弟はゲームができませんでした。

昨日、5時31分にグレッグの妹はグレッグの白いタブレットを使いました。グレッグは妹に「それは僕のタブレットです。どうやってアンロックできましたか？」と聞きました。妹は「ごめんなさい。でも、グレッグ、『グレッグのタブレット』は難しいパスワードじゃありませんよ。」と言いました。

それから、グレッグはタブレットにもベッドルームにもプレイステーションにもシャーピーで「グレック！」と書きました。

弟と妹のアート

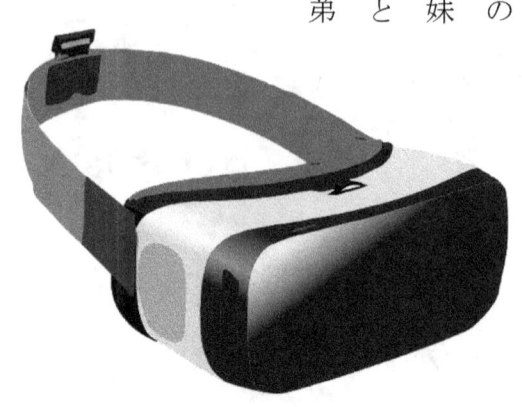

今日の1時25分にグレッグの友達はグレッグにテキストをしました。「今日、VRカフェの一番難しいゲームをしたいです。2時にVRカフェで会いましょうか?」

グレッグは妹も弟も見えました。キッチンにいました。グレッグは嬉しかったです。プレイステーションもタブレットも大丈夫でした。それから、グレッグはグレッグの高い車でVRカフェに行きました。妹はそれが見えました。

妹は弟に「楽しいアートをしましょうか?」と言いました。それから、妹も弟

9章

もグレッグのベッドルームでアートをしました。グレッグの好きなプレイステーションとタブレットにアートをしました。妹は青いペイントを使いました。弟は茶色いペイントを使いました。アートが

上手じゃありませんでしたが、大丈夫でした。昨日、グレッグは優しくなかったです。これは優しくないグレッグのプレイステーションとタブレットです。3時13分にグレッグは妹と弟にテキストをしました。

弟と妹のアート

「僕 は テレビゲーム が 上手 です！ここ の 一番 難しい ゲーム が できました。だから、VRカフェ は 僕 に プレイステーション も タブレット も くれます よ。」

昨日、弟 が グレッグ の プレイステーション を 使いました。だから、グレッグ は その 茶色い プレイステーション を 弟 に あげます。妹 は グレッグ の タブレット を 使いました。だから、妹 に 青い タブレット を あげます。

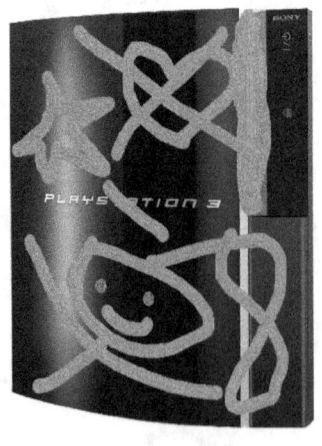 

9章
クレジットカード

私は怖い人に会いたくないです。でも、怖い人がたくさんいます。私の家族のみんなは怖いです。そして、家族より私の学校の学生の方が怖かったです。でも、一番怖い人は私のボスです。

昨日、その怖いボスは私のランチを食べました。私はボスに「私のランチを食べましたか?」と聞きましたが、ボスは「食べませんでした。」と言いませんでした。「ごめんなさい。僕のランチをあげま

クレジットカード

す。」と 言いませんでした。私 の ボス は 「美味しかった です。」と 言いました。

今日、私 は ちょっと 嬉しかった です。11時20分 に その 怖い ボス は 「みんな、今日、みんな で ランチ を 食べましょう か？僕 は みんな の ランチ を 買います。」と 言いました。ランチ は 美味しかった です。だから、嬉しかった です。そして、私 の ボス は 私 に クレジットカード を くれました。

ボス は 私 に 「エマ、ありがとう。エマ は みんな の ランチ を 買いました。明日 も しましょう。」と 言いました。え？！私 の クレジットカード でした。私 の ボス は

9章

私のクレジットカードを使いましたか？私のクレジットカードでみんなのランチを買いましたか？私はネットでクレジットカードのステートメントを見ました。今日の11時34分に高いレストランでチャージがありました。$546でした！！！！

それから、ボスの所に行きました。その怖いボスに「ボス、昨日のランチも、今日のランチも面白かったですね。今日、7時に私とレストランで食べましょうか？」と聞きました。ボスは「僕はエマのディナーを買いませんよ。」と言いました。でも、私は「大丈夫です。私のクレジットカードを使います。7時にレストランで会いましょう。」と言いました。

クレジットカード

それから、私は他のみんなとちょっと話しました。

7時にレストランでボスに会いました。ディナーは美味しかったです。7時45分に背が高い女の人がボスに「ミスター ブラウンですか？」と聞きました。

「はい、僕はミスター ブラウンです。」

「私はFBIです。ミスター ブラウンのバッグはどこですか？」

「え？FBI？僕のバッグはここです。」

ボスのバッグにクレジットカードがたくさんありました。

「ミスター ブラウン、サリー ラッセルとジェリー ヒッギンズは誰ですか？」

9章

「え？誰？」

「ここに サリー ラッセル と ジェリー ヒッギンズ の クレジットカード が あります。他 の 人 の クレジットカード も たくさん あります。」

「え？どうやって？」

私 の ボス は FBI の 背が高い 人 と FBI の 車 に 行きました。私 は 友達 の 家 に 行きました。

その 友達 に 「できました よ！」と 言いました。友達 は 「え？できました か？どうやって できました か？」と 聞きました。でも、難しく なかった です。他 の みんな も その 怖い ボス が 好き じゃありません。だから、みんな は 私 に クレジットカード を くれました。私

クレジットカード

は 友達に「私は みんなに『ありがとう!』と 言いたい です。みんな で ラスベガス に 行きましょう か?」 と 言いました。

「え?それ は 高くない です か?」

「高い です が、 大丈夫 です。ボス の クレジットカード を 使います。」

「え?ボス は エマ に クレジットカード を あげました か?」

「くれませんでした が、、、、、」

それから、私 は みんな に メッセージ を しました。

「みんな、今日 は ありがとうございます。みんな で ラスベガス に 行きましょう!11時 に エリカ の 家 で 会いましょう!」

10章
(New Kanji：友達、日本語、お母さん)

englishgenius

お姉さんは私より頭がいいです。私は頭がいいお姉さんのベッドルームで英語の宿題をします。お姉さんは私の宿題にメモを書きます。「これはちょっと良くないです。ここは大丈夫ですが、面白くないです。」
私はそのメモを見ますが、英語の宿題をしたくないです。だから、お姉さんに「ごめんなさい。私は頭が良くないです。

この 宿題 が できません。」と 言います。そして、お姉さん は 私 の 宿題 を します。
でも、今日、 お姉さん は 「私 は この 宿題 を しません！」と 言いました。
それから、私 は たくさん の 友達 に メール を しました。
「みんな、どこ で 英語 の レポート を 買います か？私 は 書きたくない です。」
グーグル にも 「どこ で 英語 の レポート を 買います か？」と 聞きました。たくさん の ウェブサイト が ありました。ウェブサイト に たくさん Eメール の アドレス が ありました。englishgenius@cheatmail.com に メール しました。
ちょっと 高かった です が、嬉しかった です。

１０章

englishgenius は いい レポート を 書きました。お姉さん より 頭がいい です。

私 は englishgenius の レポート を ちょっと 怖い 英語 の 先生 に あげました。それから、ランチ を 食べたかった です が、怖い 英語 の 先生 は 「アンガス、ちょっと 話したい です。」と 言いました。
「アンガス、上手 に なりました ね。これ は クラス で 一番 いい レポート でした。」
「そう です か？ありがとうございます。」
「でも、アンガス が 書きませんでした ね。」
「え！？私 は その レポート を 書きました よ！」
「どうやって 上手 に なりました か？」
「お姉さん と 勉強しました。難しかった です

が、いい レポート を 書きました ね。」

「アンガス は この レポート を 書きませんでした。だから、アンガス の マーク は 0% です。明日、アンガス の お母さん と お父さん と 話したい です。」

それから、私 は デイリークイーン で 友達 に 会いました。友達 に 「明日、私 の 怖い 英語 の 先生 は お母さん と お父さん と 話します!」と 言いました。友達 は 「その 怖い 英語 の 先生 です か?」と 聞きました。私 の 英語 の 先生 も デイリークイーン に いました!友達 は 「先生 の 車 が 見えました か?」と 聞きました。

「見えました。その 茶色い 車 です ね。」

「バンパーステッカー も 見えます か?」

10章

「バンパーステッカー も 見えま、、、、」

バンパーステッカー は 大きくなかった ですが、見えました。

ルーク の 宿題

今日 は 週末 です。だから、学校 に 行きません。楽しい 友達 の 家 に 行きます。僕 は 楽しい 友達 の ジェットパック を 使います！お母さん に 「おはよう。今日、友達 の 家 に 行きたい です。いい です か？」と 聞きました。

「友達 の 家？でも、ルーク は 宿題 が たくさん ありますよ ね？」
「そう です ね。だから、頭 がいい 友達 の 家 に 行きたい です。宿題 を しに行きますよ。」

１０章

「それ は いい です ね。行って下さい。私 の 車 を 使います か？」

「いい です か？ありがとうございます！使いたい です。」

僕 は お母さん の 茶色い ホンダ が 好き じゃありませんでした。僕 は テスラ が 欲しかった です。でも、お母さん の 茶色い ホンダ は 電車 より いい です。

お母さん は ちょっと 怖い です。だから、頭 がいい 友達 の 家 に 宿題 を しに行きました。でも、その 次、僕 の 楽しい 友達 の 家 に 行きました。 その 楽しい 友達 に 「ジェットパック を 使いたい です。くれます か？」と 聞きました。友達 は 僕 に くれませんでしたが、友達 は「バックヤード で ちょっ

ルークの宿題

と 使いましょう か?」と 聞きました。僕 は 嬉しかった です!「使いましょう!」と 言いました。

友達 と バックヤード に 行きました。そして、友達 は ジェットパック を 使いました。それから、僕 が 使いました。友達 に 「これ、どうやって 使います か?」と 聞きました。

「難しくない です よ。ルーク は できます よ。」

僕 は できました!でも、コントロール が できません でした。友達 に 「コントロール できません!どうやって します か?」と 聞きました が、友達 が バックヤード に いませんでした!どこ に 行きました か!?

10章

僕はジェットパックをコントロールできませんでした。僕はジェットパックが好きな所に行きました。学校に行きました。その次に、スーパーに行きました。その次に、青い家に、、、、、ああ！！それは僕の家です！そしてジェットパックは僕の家にクラッシュしました！僕の怖いお母さんはクラッシュが見えました！

「ルーク、、、、宿題をしに行きましたよね。」

「宿題、、、、、、、そうですね。これは僕のロボティクスの宿題でした。」

ルークの宿題

「良かったです！これは宿題でした。だから、ルークの先生がこの家のリノベーションをしますね。明日先生と話しに行きます。」

僕の怖いお母さんは学校に行きます！

僕は友達にメッセージをしました。

「僕の家にクラッシュしました！どうやってメキシコに行きますか。それとも、ヴェネズエラの方がいいですか？」

10章
食べに行きましょう！

今日、私は家族とブランチを食べに行きます。お姉さんもお母さんもお父さんも好きなブランチの所があります。お姉さんは「私の好きな所のパンケーキはカナダで一番美味しいパンケーキです。」と言いました。次にお母さんが「そこもいいですが、私の好きな所の方が美味しいですよ。」と言いました。次にお父さんは「そこもいいですが、私の好きな所は高くないですよ。」と言いました。私は好きな所がありません。だから、「みんなの好きな所に行きましょう！」と言いました。

マジック ヘッドホン

お姉さん の 好きな 所 に パンケーキ を 食べに 行きました。お姉さん は 「美味しい です よ ね?」と 聞きました。私 は 「まあまあ です。お母さん の パンケーキ の方が 美味しい です。」と 言いました。次 は お父さん が 言いました。

「この メニュー を 見て下さい!ここ は 高い です よ。その パンケーキ は ＄６０ です よ。あの 人 の ワッフル が 見えます か?あの ワッフル は ＄１００ です よ!」

10章

でも、私はラッキーでした。私のパンケーキにガラスがありました。だから、みんなのブランチは $0 でした。

次にお母さんが好きな所に食べに行きました。お母さんは「ここのフレンチトーストは美味しいですよ。」と言いました。だから、私はフレンチトーストを食べました。お母さんは「そのフレンチトーストは美味しいですか?」と聞きました。

「いいえ。美味しくないですよ。これはちょっと変です。」

「ココナッツフレンチトーストですよ。ココナッツが好きじゃありませんか?」

「私はココナッツが好きじゃありませんよ!ココナッツのアレルギーがあります

マジック ヘッドホン

よ！」

それから、みんな で クリニック に 行きました。そこ で 一番 いい ブランチ を 食べました。お母さん は 「ごめんなさい。」 と 言いましたが、私 は 「大丈夫 です。この プディング は 美味しい です よ。」 と 言いました。そして お父さん は 「ここ は いい です ね。一番 高くない ブランチ の 所 です ね。」 と 言いました。私 は 「え？ ここ は 高くない です か？」 と 聞きました。お父さん は 「高くない です。ここ は カナダ です よ。その プディング は ＄０ です！」 と 言いました。

10章
マジック ヘッドホン

私は まあまあ 頭が いい です。勉強 も 宿題 も 好き です。でも、テスト は できません。昨日 は 日本語 の テスト が ありました。だから、たくさん 勉強しました。私 は 日本語 が まあまあ 上手 です。でも、テスト が 怖い です。あの 楽しい 日本語 の クラス は 怖い テスト の 所 に なります。

昨日 の テスト は 8時35分 に しました。

だから、5時 に 学校 に 勉強しに行きました。テストは 難しくなかった ですが、私 の マーク は 10％ でした。私 は 友達 より 日本語 が

マジック ヘッドホン

上手 です が、その 友達 の マーク は 80% でした。他 の 学生 も 私 より いい マーク でした。12時 に 私 の 友達 は カフェテリア で ランチ を 食べました。私 も そこ に 行きました。

「ジリアン、どうやって 80% できました か？日本語 が 上手 じゃあり ません ね。」

「上手 に なりたくない です。日本語 が 好き じゃありません。」

「どうやって 80% で きました か？フラッシュカード を 使いました か？アプリ を 使いました か？」

10章

「いいえ。クレジットカード を 使いました。テスト を 買いました よ。高くなかった です よ。」

私 は その 友達 の テーブル を キック しました。テスト を 買いました か？私 は たくさん 勉強しました！

それから、私 は 頭がいい お姉さん と 話しに 行きました。

「お姉さん、どうやって 90% できました か？私 は テスト が できません！」

「私 は コミュニティセンター で 勉強します。」

「あの 楽しくない コミュニティセンター に 何 が あります か？」

マジック ヘッドホン

「そこ の ボランティア は 日本語 の 先生 の 友達 です よ。私 に テスト を くれました。」

次 は 弟 と 話しに 行きました。

「ケン、テスト が できます よ ね。どうやって？怖くない です か？」

「怖かった です が、お父さん は マジックヘッドホン を くれました。その マジックヘッドホン で 音楽 を 聞きます。そして、リラックス できます。だから、テスト が 怖くない です。」

「あの ヘッドホン です か？」

「そう です が、、、」

「ありがとうございます！」

弟 は 私 に くれませんでした が、この ヘッドホン を 使います。英語 の テスト で

10章

使います。

私 は 学校 に 行きました。

私 は 英語 の テスト が あります。英語 を 勉強しませんでした が、大丈夫 です。マジックヘッドホン を 使います。

テスト が 怖くなかった です！ちょっと 難しかった です が、マジックヘッドホン が ありました。でも、大丈夫 じゃありません でした。私 の マーク は 55% でした。英語 の 先生 と 話しに 行きました。

「先生、私 の マーク は 55% です か？」

「そう です ね。英語 が 上手 じゃありません ね。どうやって 勉強しました か？」

マジック ヘッドホン

「勉強しません でした。でも、マジックヘッドホン が あります！」

「マジックヘッドホン？？」

「そう です。私 は 怖い テスト が できません。だから、勉強しませんでした。私 の 弟 の マジックヘッドホン を 使いました。」

「でも、日本語 の テスト は 100% できました ね。」

「え？10% でした。」

「ああ、、、メール を チェックして下さい」

そこ で メール を チェック できません でした。だから、日本語 の 先生 と 話しに行きました。

「先生、私 の マーク は 10% でした ね。」

10章

「え！？１０％　じゃありませんでした　よ。メール(めーる)を　見ませんでした　か？」

「１０％　じゃありません　か？」

「ごめんなさい、テスト(てすと)の　マーク(まーく)は　１０％　じゃありませんでした。１００％　でした　よ。」

ひらがな・漢字 Glossary

(Katakana in separate glossary in the back)

あ

あ！ A!
ああ！！ Aa!!
会いたい To want to meet
会いたくない To not want to meet
会いに行きましょう Let's go to meet
会いに行きません To not go to meet
会いました Met
会いましょう Let's meet
会います To meet
青（い） Blue
青かった Was blue
あげたい To want to give
あげたかった Wanted to give
あげたくない To not want to give
あげました Gave
あげます To give
明日 Tomorrow
頭 Head
頭がいい Smart
頭が良くない Not smart
あの That
ありがとう（ございます） Thank you
ありました There was / Had (object)
あります There is / To have (object)
ありません There isn't / To not have (object)

い

いい Good
いいえ No
言いたい To want to say
言いたかった Wanted to say
言いました Said
言いません To not say
家 House
行きたい To want to go
行きたかった Wanted to go
行きたくない To not want to go
行きたくなかった Didn't want to go
行きました Went
行きましょう Let's go
行きます To go
行きません To not go
一番 Number 1/ the most
行って下さい Please go
言って下さい Please say
いました There was (person/animal)
います There is (person/animal)
いません There isn't (person/animal)
妹 Younger sister

う

嬉しい Happy
嬉しかった Was happy
嬉しくない Not happy
嬉しくなかった Wasn't happy

ひらがな・漢字 Glossary

え
え！？　What!?
英語(えいご)　English
ええ！！？？　Whaat!!??
えええ？　Whaaat?

お
美味(おい)しい　Delicious
美味(おい)しかった　Was delicious
美味(おい)しくなかった　Wasn't delicious
大(おお)きい　Big
大(おお)きくない　Isn't big
大(おお)きくなかった　Wasn't big
お母(かあ)さん　Mother
沖縄(おきなわ)　Okinawa
お父(とう)さん　Father
弟(おとうと)　Younger brother
男(おとこ)の子　Boy
男(おとこ)の人(ひと)　Man
お兄(にい)さん　Older brother
お姉(ねえ)さん　Older sister
おはよう（ございます）Good morning
面白(おもしろ)い　Interesting/Funny
面白(おもしろ)かった　Was interesting/Funny
面白(おもしろ)くない　Isn't interesting/Funny
面白(おもしろ)くなかった　Wasn't interesting/Funny
音楽(おんがく)　Music
女(おんな)の子(こ)　Girl
女(おんな)の人(ひと)　Woman

か
か　？ / (Question particle)
が　(subject particle)
が、　But,
買(か)いたい　To want to buy
書(か)いて下さい　Please write
買(か)いに行きました　Went to buy
買(か)いに行きましょう　Let's go to buy
買(か)いに行きます　To go to buy
買(か)いました　Bought
買(か)います　To buy
買(か)いません　To not buy
書(か)きたくない　To not want to write
書(か)きました　Wrote
書(か)きます　To write
書(か)きません　To not write
学生(がくせい)　Student
家族(かぞく)　Family
学校(がっこう)　School

き
聞(き)きました　Asked / Listened
聞(き)きます　To ask / to listen
昨日(きのう)　Yesterday
今日(きょう)　Today
京都(きょうと)　Kyoto

く
下(くだ)さい　Please
車(くるま)　Car
くれました　Gave
くれます　To give
くれません　To not give

け
芸者(げいしゃ)　Geisha
元気(げんき)（な）Energetic / Healthy

91

ひらがな・漢字 Glossary

こ
ここ　Here
この　This
ごめん（なさい）　Sorry
これ　This
怖い　Scary
怖かった　Was scary
怖くない　Isn't scary
怖くなかった　Wasn't scary

さ
札幌　Sapporo
さん　Mr./Mrs/Ms.

し
時　O'clock
したい　To want to do
したかった　Wanted to do
したくない　To not want to do
して下さい　Please do
しに行きました　Went to do
しに行きます　To go to do
しました　Did
しましょう　Let's do
します　To do
しません　To not do
じゃありません　Isn't / Aren't
週末　Weekend
宿題　Homework
上手（な）　Good at
白（い）　White

す
好き（な）　To like

せ
背が高い　Tall
背が高くない　Not tall
先生　Teacher

そ
そう　です　Yes/That's right
そこ　There
そして　And then
その　That
それ　That
それから　After that

た
大丈夫　Okay
高い　High / expensive
高かった　Was high / expensive
高くない　Isn't high / expensive
高くなかった　Wasn't high / expensive
だから　Therefore
たくさん　Many
楽しい　Fun
楽しかった　Was fun
楽しくない　Isn't fun
楽しくなかった　Wasn't fun
食べたい　To want to eat
食べたかった　Wanted to eat
食べたくなかった　Didn't want to eat
食べて下さい　Please eat
食べに行きました　Went to eat
食べに行きましょう　Let's go to eat
食べに行きます　To go to eat
食べました　Ate
食べましょう　Let's eat
食べます　To eat
食べません　To not eat
誰　Who

ひらがな・漢字 Glossary

ち
茶色（い）　Brown
ちょっと　A little

つ
使いたい　To want to use
使いました　Used
使いましょう　Let's use
使います　To use
使いません　To not use
次　Next

て
で　At / Using
できました　Was able to do
できます　To be able to do
できません　To not be able to do
でした　Was / Were
です　Is / Am / Are
でも　But
電車　Train

と
と　And / (Quotation particle)
東京　Tokyo
東京タワー　Tokyo Tower
どうやって　How
どこ　Where
所　Place
友達　Friend

な
なかぐすく　Nakagusuku
何　What
なりたい　To want to become
なりたかった　Wanted to become
なりたくない　To not want to become
なりました　Became
なります　To become
なりません　To not become
何時　What time

に
に　to / at / in
日本　Japan
日本語　Japanese

ね
ね　Right?
眠い　Sleepy
眠かった　Was sleepy

の
の　(possesive particle) / 's
の方が　more

は
は　(topic marker)
話したい　To want to talk
話に行きました　Went to talk
話に行きます　To go to talk
話しました　Talked
話します　To talk
話しません　To not talk
ははは　hahaha

ひ
日　Day
人　Person

ふ
分　Minute

へ
変（な）　Strange
勉強　Study
勉強したい　To want to study
勉強したくない　To not want to study

93

ひらがな・漢字 Glossary

勉強して下さい　Please study
勉強しに行きました　Went to study
勉強しました　Studied
勉強します　To study
勉強しません　To not study

ほ
他（の・に）　Other
僕　I (male)
欲しい　To want
欲しかった　Wanted
欲しくない　To not want

ま
まあまあ　So-so
まだ　Still / Not yet

み
見えました　Could see
見えます　Can see
見えません　Can't see
見たくなかった　Didn't want to look/watch
見て下さい　Please look/watch
見に行きましょう　Let's go to look/watch
見に行きます　To go to look/watch
見ました　Looked/Watched
見ましょう　Let's look/watch
見ます　To look/watch
見ません　To not look/watch
みんな　Everyone

む
難しい　Difficult
難しかった　Was difficult
難しくない　Isn't difficult
難しくなかった　Wasn't difficult

も
も　Also

や
優しい　Kind / Gentle
優しかった　Was kind/gentle
優しくない　Isn't kind/gentle
優しくなかった　Wasn't kind/gentle

よ
よ　(exclamation particle) / !
よかった　Was good / I'm glad
良くない　Not good
より　than

わ
私　I

を
を　(direct object marker)

カタカナ Glossary

Eメール　Email
VRカフェ　Virtual Reality Cafe

ア（あ）
アート　Art
アイダホ　Idaho
アクティビティ　Activity
アドレス　Address
アプリ　App (phone/computer app)
アマゾン　Amazon
アレルギー　Allergy
アンガス　Angus
アンロック　Unlock

イ（い）
イベント　Event
イマージェンシー　Emergency
インド　India

ウ（う）
ウィー　Wii
ウィースポーツ　Wii Sports
ウィナー　Winner
ウィル（スミス）　Will (Smith)
ヴェネズエラ　Venezuala
ウェブサイト　Website

エ（え）
エスケープルーム　Escape room
エマ　Emma
エリカ　Erika

オ（お）
オーケー　Okay
オフ　Off
オリビア　Olivia

カ（か）
カナダ　Canada
カフェ　Cafe
カフェテリア　Cafeteria
カメラ　Camera
ガラス　Glass
カレー　Curry
カンガルー　Kangaroo

キ（き）
キックしました　Kicked
キャンセル　Cancel

ク（く）
グーグル　Google
グッドラック　Good luck
クラス　Class
クラッシュ　Crash
クリスマス　Christmas
クリニック　Clinic
クレイグスリスト　Craigslist
クレジットカード　Credit Card
グレッグ　Greg
クレヨン　Crayon

ケ（け）
ケーキ　Cake
ゲーム　Game
ゲームセンター　Game center
ケリー　Kelly

95

Katakana Glossary

ケン Ken

コ（こ）
コーチ Coach
コード Code
コアラ Koala
コイン Coin
ココナッツ Coconut(s)
コスチューム Costume
コミュニティセンター Community Center
ゴルフ Golf
コンサート Concert
コンソール Console
コンテスト Contest
コントロール Control

サ（さ）
サッカー Soccer
サリー ラッセル Sally Russell

シ（し）
ジェットパック Jet pack
ジェリー（ヒッギンズ） Jerry (Higgins)
シャーピー Sharpie
ショッピング Shopping
ショッピングセンター Shopping Center
ジョリーン Jolene
ジョン Jon
ジリアン Gillian

ス（す）
スーパー Supermarket
スイーツ Sweets
スカウト Scout
スケジュール Schedule
スターバックス Starbucks
ステーション Station
ステートメント Statement
ストーリータイム Storytime
ストップ Stop
スナック Snack
スパゲッティ Spaghetti
スポーツ Sports

セ（せ）
セーター Sweater
セールスマン Salesman
セキュリティ Security

ソ（そ）
ソンブレロ Sombrero

タ（た）
ダイアン Diane
タブレット Tablet
タワー Tower
ダンス Dance

チ（ち）
チーム Team
チェックして下さい Please check
チケット Ticket
チャージ Charge
チャンピオン Champion

テ（て）
テーブル Table

カタカナ Glossary

ディーラー Dealer
ディスコ Disco
ディズニーランド Disneyland
ディナー Dinner
テイラー（スウィフト） Taylor (Swift)
デイリークイーン Dairy Queen
テキサス Texas
テキスト Text
テスト Test
テスラ Tesla
テレビゲーム Video game

ト（と）
トイレ Toilet / Washroom
ドクター Docter
ドル Dollar

ニ（に）
ニンテンドー Nintendo

ハ（は）
パーティー Party
ハート Heart
ハードドライブ Hard drive
ハーバード Harvard
パーマネント Permanent
バイバイ Bye Bye
バス Bus
バスケットボール Basketball
パズル Puzzle
パスワード Password
バッグ Bag
バックヤード Backyard
バットモービル Batmobile
バレーボール Volleyball
ハワイ Hawaii
パンケーキ Pancake
バンジージャンプ Bungee Jump
バンド Band
バンパーステッカー Bumper sticker

ヒ（ひ）
ピザ Pizza
ビデオ Video
ビリー Billy
ピンク Pink

フ（ふ）
ブーツ Boots
ファインドマイフォン Find my phone
フィン Finn
プディング Pudding
フライドチキン Fried Chicken
フラッシュカード Flashcard
ブランチ Brunch
プレースマット Placemat
プレイステーション Playstation
プレゼント Present
フレッド Fred
フレンチトースト French Toast
プロ Pro

ヘ（へ）
ページ Page

Katakana Glossary

ペイント　Paint
ヘッドホン　Headphone
ベッドルーム　Bedroom

ホ (ほ)
ポークチョップバン　Porkchop bun
ボス　Boss
ボランティア　Volunteer
ホンダ　Honda

マ (ま)
マーカー　Marker
マーク　Mark
マカオ　Macao
マカオタワー　Macao Tower
マジックヘッドホン　Magic Headphones
マックブック　Macbook
ママ　Mama
マリーナ　Marina

ミ (み)
ミア　Mia
ミスター　ブラウン　Mister Brown

メ (め)
メーガン　Megan
メートル　Meter
メール　email
メキシコ　Mexico
メッセージ　Message
メニュー　Menu
メモ　Memo

ユ (ゆ)
ユーチューブ　Youtube
ユニフォーム　Uniform

ラ (ら)
ライト　Light
ライブ　Live
ラジオ　Radio
ラスベガス　Las Vegas
ラッキー　Lucky
ラトルスネーク　Rattlesnake
ランチ　Lunch

リ (り)
リノベーション　Renovation
リラックス　Relax

ル (る)
ルーク　Luke
ルーム　Room

レ (れ)
レース　Race
レクサス　Lexus
レストラン　Restaurant
レッスン　Lesson
レポート　Report
レポートカード　Report Card

ロ (ろ)
ローマ　Rome
ロシア　Russia
ロブ　Rob
ロボティクス　Robotics

ワ (わ)
ワッフル　Waffle

www.ingramcontent.com/pod-product-compliance
Lightning Source LLC
Chambersburg PA
CBHW071504070526

44578CB00001B/437